КРВ И ВАТРА

КРВ И ВАТРА

Небојша Стојоски

Globland Books

KPB

МЕТАЛ

Загризи олово,
прогутај сву жуч живота.
Кашика је пала на под.
Па шта онда?

Метал као отров у твојим
недрима. Ни сам не знаш
зашто си то учинио.
Неко је направио пакт са ђаволом,
ти си само колатерална штета.

Не можеш да платиш цену бола.
Ти си само још једна жртва лова
на крупну дивљач.

У РЕЦИ

Сећаш ли се Елеонора?
У реци боје крви сам по
твојим леђима писао
сонете.

Нема више крви,
обрисала си сонете
марамом коју сам ти
поклонио.

Цртао сам карту Европе
по твојим грудима.
Европа је само жена,
ништа другачија од тебе.

Црвена река, ти и ја
као Адам и Ева. Иза
нас је остала само Нојева
барка после потопа љубави.

Ја не знам ко сам?
Сликар, песник, вајар?
Створио сам те по свом
облику.

Ако се некада сетиш,
отићи до реке боје крви.
Једино тамо можеш да
ме нађеш.

JAME

То су биле костију пуне јаме.
Крволоци направише тај пир.
Горке судбине, тешке драме.
Десио се безбожнички хир.

Крвљу натопљене руке џелата.
Одвојише мајку од милог чеда.
Раздвојили су сестру од брата.
Господ те жртве са неба гледа.

Српско одојче душманима смета.
Сва та наша православна чељад
постала су за њих покретна мета.

То је људска судба, крвава драма.
Крваве сотоне, у рукама им каме.
Ми не дамо забораву усташке јаме.

ПОЉАНЕ

Пољане смрти пред очима.
Црвене руже одавно свеле.
Дајем комаде срца псима.
Нека га између себе деле.

Сад је почела крвава жетва.
Ударио мачем брат на брата.
Стигла нас нека тешка клетва.
Слутим, поново ће бити рата.

Остала су крви пуна поља.
Види се само свело класје.
Тај јадни човек, српски гоља.

Гладан моли за кору хлеба.
Веома је далек његов пут,
да се душа узвине до неба.

МИСЛЕЋИ

Мислећи човек као псето лаје.
Отвара капију свог дома странцу.
Он се не плаши, нимало не хаје.
Живот подређен једном катанцу.

Он не размишља шта ће бити
када пси луталице крену на њега.
Камо побећи, од немани се скрити?
Напољу упекло сунце, влада жега.

Паклену мисао у вино преточи.
Данас само недужни страдају.
Од силног пића уморне су очи.

Уморне су те очи за једну главу.
Мислећи неку нову мрежу плете.
После смрти нека се људи сете.

ИЗМАГЛИЦЕ

Капи воде у ваздуху
стварају песму.
Роса пише стихове
о времену људског живота.

Магла ствара сузе у очима.
Гнев лута наоколо тражећи
жртву. То је човек.
Страх, бес, бол на улицама.

Речи не умиру.
Ствара се нова димензија
и облик. У ког песника ће
ући чаробна формула док
капи воде лију низ образе?

МРТВИ СТИХОВИ

Ево ме у Булевару мртвих стихова.
Тражим гроб својих сећања.
Речи ми прилазе као лаке жене
у прозирним хаљинама.

Ноћ мирише на јефтине катрене,
спаљене руже на згаришту живота.
Можда сам умро од кича?

То су само стихови које сам љубио
некад у таласу немира.
Пресвучени у грех младости.
У мени су хиљаде мртвих девица.

КОНТРОЛА

Строго контролисана свест.
Мртви идеали човечанства
у возу бестрагије.
Неки тврде да Бог не постоји.
Каква празнина душе.

Поглед у даљину, виде се
нестали људи. Љубав не
признаје контролу ума.
Повукла се пред технологијом
живота.

Нико више не плаче.
Роботи владају земљом,
под звезданим небом.
Човек је мртво слово на
папиру судбине.

Строго контролисана свест!!!

ЖЕЂ

Песма је гнев срца.
Сваки катрен испаљени
метак. Жеђ за осветом.

Оружје на столу.
Перо и оловка као
Дамоклов мач.

Смрт поетике пред очима.
Гледаш и не верујеш у оно
што видиш. Част је одавно
мртва.

ТЕ СЕНКЕ

Те сенке ноћас бледе,
духови у тамној соби.
Видим туђе погледе,
како их време дроби.

Време дроби погледе
у сваком трену дана.
Осећања више не вреде,
светлост је тами храна.

Тама се храни светлошћу.
Умире жар птица у лету,
дочекујем неку злу гошћу.

Чекам сад зле госте,
избледеле сенке људи.
Ко ли ме ноћас куди?

ПЛАВЕТНИЛО

Плава киша у очима.
Разливене капи судбине
долазе као смрт.
Пиштољ и нож на столу.
Дубока река тече,
носећи песму јутра.
Неки глас те буди из сна.
Зове те плави анђео.
Херметика сопствене душе.
Ти си само обичан пион песме
која оставља крваве трагове.

УСУД

Усуд времена.
Капи живота у недрима.
Рођени да волимо и нестајемо
попут ветра који слама гране
дрвећа.

Усуд је живети у зло доба,
када голубова нема на прозору.
Тамо где нема речи нема ни
љубави.

Време је судија наше савести.
Људи су птице које лете у топлије
крајеве. Остаје само опело за
мртве стихове.

БЕС

Чежња ствара мржњу
у мом срцу. Гневан,
не видим себе. Бес
у очима.

Затворио сам рајске
капије, постао црна
врана. Судбина је
охола курва младости.

Музика буди немире.
Ја сам човек од стакла.
Неко ће ме сломити
чекићем доброте.

ПРЕПОЗНАТЉИВО

Јасан знак злочина.
Мотив је познат, трагови њеног
кармина. Пиштољ на столу.
Одраз љубоморе.

Хладно тело преда мном,
пакост и мржња у твојим
очима. Бес одбачене жене.

Пустила си радио, убиство
уз тиху музику. Сада можеш
мирно да спаваш, немаш
конкуренцију. Сутра ће ти
ставити лисице на руке.

ЗНАМ

Нестаћу као лист ветром ношен,
спалити све стихове да отерам
прошлост из срца.

Знам да ће ме осудити.
Песник је убио чедо у колевци.
Немирне ватре у мени горе.

Рука што пише биће одсечена.
Суров сам, али тако је најбоље.
Ставићу стиху омчу око врата.

Знам само да ћу нестати у горкој
бразди речи.

МЕТА

Мета за одстрел.
Ноћас плачу глинени
голубови.

Сахрана, па шта?
Умро је још један
песник.

Армагедон душе.
Нојева барка у срцу
потопљеног света.

ДОСАДА

Пролећни дан,
дивно време за умирање.
Досада призива смрт
безбожника.

У граду песника
самоћа је грех.
Демони обузимају
главу у тамној соби.

Не могу да будем птица.
Крв се пије уместо вина,
а чари поезије полако
нестају, нестају...

ОДРАЗ

Да ли је то одраз смрти
који крадом долази у сне?
Небо се стуштило, олуја се
спрема.

Игра сунца и месеца,
кише и снега, тишине и ветра.
Наличје смрти у својој лепоти.

Зар је записано да се мора умрети?
Неко дарује вечни живот, не знам ко?
То је само одраз онога што смо били
јуче.

БЛУЗ ЗА МОДИЉАНИЈА

Тихо вече и кора хлеба.
Уљане боје и платно чекају
руке вештог мајстора.

Лотреамонова књига у џепу.
Смрт и лепота између четири зида.
Песма туге уличног свирача.
Блуз за Модиљанија.

Сутра је нови дан, Амедео.
У биртији ћеш наручити
бокал вина, насликаћеш
најлепшу слику и слушати
сетни звук гитаре.

Само тужни одлазе у вечност.
Амедео!!!

ОГОЉЕН

Огољен до сржи,
написао сам тешке речи.
Пљунуо лицемерју у очи.
Огољен, без трунке милости.

Рекао сам шта сам желео.
Нисам бирао речи, да их понизим.
Нека колају о мени градске
приче. Ја ћу седети у кафани
и пити. Огољен до сржи.

Огољен до сржи, рећи ћу
да те волим, уопште не
мислећи о теби.

ИПАК

Умире свет упркос свему.
Нова тема за размишљање.
Ја само гледам зло у њему.
Не виде се цветне пољане.

Зуб времена све нас носи.
Заборављам то што знам.
Остају тек крвави откоси.
Човек ће даље морати сам.

Верујем у Христа, свете тајне.
Када ми бол душмани наносе,
ја осећам те грехе неокајане.

Не могу заборавити ваша зла.
Голготу где мој народ страда.
Ја сам дете опустошеног тла.

ОПРЕЧНО

Опречних ставова у лавиринту крвавих ружа. Сваки цвет једно име. Ноћ дугих сабљи ме довела овде.

Бројим мртва тела супротно од казаљке на сату. Супротстављен суштини свог бића гледам смрти у очи.

Пробудиће ме црвена боја, а ја ћу плакати са свећом у рукама, тражећи опрост за сопствени леш.

ДЕМОНИ

Спалио сам своје књиге,
просипао бисере пред свиње.
Демони живе у мојим стиховима.

Спалио сам књиге на ломачи,
нека ми историја суди за грехе.
Напољу је пролеће, а ја полако
венем, са цигаретом у рукама
између четири зида. Као да ђаво
станује у мени.

Не, више нисам писац.
Критика је опалила
смртоносни хитац у срце.
Мртав сам одавно, нико
да ми јави.

Небо не чује моје вапаје.
Демони, један по један,
кљуцају делове тела.
Поезија умире са мном,
ноћас у Београду.

ЗРНЕВЉЕ

Зрно наде је посађено
у тами. Снег је прекрио
оранице. Чекам пролеће
раширених руку.

Зрневље ће дати песму
овог времена. Зло је ушло
у људе. Све туге света
стале су у један катрен.

Мирис цвећа опија у ово
мамурно јутро. Све нам
могу узети, али зрно песме
је наше.

ОДА ПАКЛУ

Као да ходам бос по стаклу.
Сањам неке ружне снове.
Вечерас пишем оду паклу.
Сањам ланце, тешке окове.

Као да среће нема у мени.
Дарујем душу несебично.
Драга ружо, ноћас ми свени.
Мој пакао је нешто лично.

Ти зраци пролећног сунца.
Као у неком свом бунилу.
Чујем дамаре лудог срца.

И шта је то у ствари живот?
Велика позоришна драма.
Често је обавија нека тама.

ВАТРА

РЕЛИКВИЈА

Остани успомена.
Тамна пожуда једне
љубави. Неко кога
ћу се радо сећати.

Не могу те спалити
у ватри сенки које надиру.
И даље будиш глад умилних
шапутања у својим писмима.

Реликвија једне младости,
бацио сам књиге у реку.
Сутра ћеш бити цвеће које
нећу брати.

Не кривим те, само иди
утабаним стазама. Широке
су улице нашег града.

СИМЈОНА

Никада нисмо горели у истој ватри.
Деца палих анђела на земљи, Симјона.
Нисмо дисали исти ваздух, а волео сам те.
Никада, никада, никада...

Демони некада требају љубав, а ти је
ниси имала за мене... Симјона. Никада,
никада, никада. Угасиле су се звезде у
твојим очима.

Гаврани су ми одали тајну да ме не волиш,
да ли си икада имала мрву
страсти? Никада, никада, никада...
Симјона!

БУДИШ

Будиш Танатос у мени.
Лепота твог тела ствара
нагон за смрћу. Огледало
нежности у твојим очима.

Отвараш врата пакла
својим грудима. Пожуда
даје нову димензију животу.

Тако чиста, са лицем блуднице.
Младо јагње за гладног вука.
Тамо где почиње смрт, настаје
лепота.

ЗНОЈ

Зној цури низ наша обнажена тела.
Читам књиге, пишем песме о теби.

Побуњена душа тражи љубав.
Руком додирујем твоје груди
у чарима лета. Плетем сонетни
венац за твоју душу.

Сонет је мушкарац, поезија је жена.
Космичко правило живота и смрти.
Страст је универзални појам.
Да ли то знаш?

НЕГДЕ ДАЛЕКО

Сада си негде далеко.
Чујем да живиш у Паризу
и пијеш шампањац са неким
богатим Французом.

Ја ево љуштим вињак,
просим љубав жена које
личе на тебе. Оне немају
твоје очи и тело.

У биртији на крају града
замишљам тебе. Рекла си:
„Одлазим у Париз на годину
дана." Више се ниси вратила.

Видим те у облаку дима, а
знам да узалуд чекам Годоа
у твом облику.

ХАУСТОР

Склони се у неки хаустор.
Запали цигарету, промисли
о свом животу, бившим љубавима.

Не жури, нико те не чека код куће.
Време пролази и без тебе.
Био си орао, сада си пас луталица.

Склони се у неки хаустор,
слушај песму о Ени док пада киша.

ПРЕОРЈЕНТИР

Преорјентиши се на
другу страну света.
Узми компас, крени
на југ.

Напиши у слоговима
речи љубави, пет, седам,
пет. Живот је кратка форма.

Преорјентиши се,
уђи у своје мисли, дела.
Пронађи средиште својих
идеала. Видећеш да си у
праву.

ОПЛАКАНА ЈУТРА

Твоја писма на столу.
Кишни дани у родном граду.
Шоља чаја да умири нерве
због растанка с тобом.

Сва јутра су оплакана.
Чежња никада не умире.
Расте трава у мојој соби,
паучина, дим, прашина.

Била си стварна, идеал
жене. Распламсавала
машту својим телом,
као зреле трешње.

Ово су само оплакана
јутра, досадни дани без
тебе на Калемегдану.

ОНОМАД

Ономад сам вас срео у
библиотеци, лепа госпођице.
Тражили сте књиге поезије:
Превера, Буковског, Лалића...

Хтео сам вас позвати на кафу
али ви сте журили, лепото
мојих снова. Дали сте ми број
телефона, звао сам вас. Заузети
сте читањем и гледањем телевизије.

Када ћемо се срести? Ви сте љубав
моје младости док лију кише над
Београдом.

РОДИ СЕ

Роди се у праху новог јутра.
Нека кишни облаци изнедре
твоју лепоту. Створи се ту у
ватри постања.

Мој глас ти даје живот,
са сунцем што се рађа.
Безгрешна лепото мојих
снова.

Нека се остваре сни
у праху јутра. Нека се
роди девица, макар у
овој песми.

АКО СЛУША

Ако слуша музику кише
и шапат далеких ветрова...
Ако чује глас вукова у ноћи,
то сам ја.

Ако пије црно вино уз лагану
музику, нека се сети мене.
Све што је далеко блиско је
срцу.

Ако спава гола, нека буде сама.
Бићу у мислима са њом.

ПОГЛЕДАЈ МЕ

Погледај у мене широм затворених очију. Урони у моје страхове, заблуде, лажне идоле.

Словодушјем прозбори о мојој карми. Ја плешем са дрвећем по месечини. Видиш ли то? Осећаш ли?

У стању нирване осети љубав. То сам ја.

ЉУБАВНА ПЕСМА

Не могу да напишем љубавну песму.
Од када си отишла, отрови су у мом телу.
Не знам да упутим нежне речи
другим женама.

То је само љубавна песма, тако једноставно.
Цвеће је постало камење, кише несносне,
а мирисале су на твоју косу. На радију чујем глас
плачљиве певачице, музика ми ништа
више не значи.

Некада су били сонети, сада мртви
стихови у безнађу Београда. Ја живим ту,
али не волим овај град откако си отишла.
Зашто не могу да запишем лепу мисао?
За све су криви врапци на грани.
Они знају све наше тајне о данима који
ће проћи без тебе.

ПРЕЛЕПА

Лепа као одраз у огледалу.
Живећеш заувек у мом сну.
Дижеш из смрти душу палу.
Сви ти греси су сада на дну.

Прелепа као вила из бајке,
поседујеш неки свети дар.
Чедо си те природе рајске.
Из твог срца пламти жар.

Као таласи набујале реке.
То је мелем, са небеса дар,
болне успомене су далеке.

Болне успомене као сенке.
Ти буди мом телу тај видар,
чудне ми траве носиш неке.

ДУБОКО

Додирујем ти нежно груди,
као млеко цури ти зној низ лице.
Језиком прелазим делове твог тела у сутону
љубавног жара.

Једем воће са твојих усана.
Смејеш се гола на мом кревету
уз музику на радију. Једеш
сладолед читајући Рембоа.

Све је то игра, плес у тамној соби.
Да ли си сан или јава?
Студенткиње књижевности
у мени буде дивљу страст.
Само да знаш!

ПРИЧАШ

Причаш о „Ламенту над Београдом".
У мени се скупила сва туга света.
Са вратом лабуда будиш љубав у срцу.

Читаш класике у мом загрљају,
а јутро свиће на Калемегдану.
Плаво небо нам отвара пут ка
срећи.

Свитања уз беле голубове
доносе мир у часовима доколице.
Јутро је синоним за лепоту свемира.

БУДИ

Буди бела птица и долети
у тужне пределе свести.
Угаси жар ноћних боема,
тихим корацима као сенка.

Буди пролазна, али заувек ту
у бестрагији живота. Живот је
само опсена за наивне душе.
Испуни празнину увелог цвећа.

Буди само жена. Није тешко
изгубити веренички прстен на
чаробном мосту. Погледај како
ноћ вара дан са северњачом.

Буди оно што јеси, птица која
долеће у пустош живота. Даруј
пролећу лето, а јесени зиму.
Гладне године ће остати далеко
иза нас.

ТВОЈА СОБА

Твоја соба је мирисала
на вино и дувански дим.
Обнажена си седела у
фотељи. Волела си да читаш
моје песме.

Све оне су посвећене
другим женама које личе
на тебе. Твоје лице, осмех –
можда си нека прошла
љубав?

Љубав је мач са две оштрице.
Посекла си ме дубоко и оставила
жиг. Вечити траг на телу који ће
болети.

Волим те, све повреде и нежности
постале су део нас.

ГРУБОСТ

Груби додир твојих ноктију
по мом телу буди прошлост.
Одувек сам волео вучице у
постељи од свиле.

Душа детета у телу жене.
Далеко си од свог чопора.
Ти волиш месечину јер буди
страст у теби.

Чувар си душа предачких.
Сваки мит о теби је истина.
Ноћу дивља звер, дању
умиљато јагње. Само ти ме
можеш заштити од несносне
градске буке.
Ти си симбол бесмртности.
Вучице!!!

МИСЛИО САМ

Мислио сам да си устала
из ове прљавштине коју
зовемо љубав? Јефтине игре за
одрасле у супермаркетима.

Можда су нам срца испуњена
мржњом због хладне кафе коју
ујутру пијемо? Мислио сам да
постоји љубав када сам ушао у
градски аутобус? Негде сам
погрешио.

Покоравам се теби као сили
новог светског поретка. Лепота
је у првом плану. На крају можда
испаднем добар Јудео-хришћанин,
узоран члан друштва. Људи то воле,
зар не?

ПУСТИТЕ МЕ

Пустите ме да мрем ноћас
на њеним грудима.
Бели голубови су слетели
на мој прозор.
Смрт у жару лепоте.

Пустите ме да испијем
тај нектар сласти са њених
усана. Анђео лежи поред
мене у кревету.

Смрт уз јутарњу кафу и
цигарету, када сви крећу
на посао. Ја ћу је љубити
у топлим кишним јутрима,
померајући границе могућег.

БЕОГРАД-ЗАГРЕБ

Воз Београд-Загреб, преко Новске и Винковаца.
Време залуталих душа у мени.
Палим цигарету покрај прозора.
Све ме сећа на тебе. Дуго путовање кроз ноћ.

Памтим још улицу и кафић, „Азрине"
плоче које смо слушали у твом стану.
Толико година изгубљене младости.
Знаш да ратови раздвајају људе.
Да ли је Бог умро у мени оне ноћи
кад смо се растали?

Сањам твоје усне у смирају дана,
све наше неостварене жеље.
Живели смо у пределима маште.
Деца украденог неба трају у нама.
Смех или сузе? Не знам одговор.

Воз Београд-Загреб ме носи до тебе.
Једно срце, а две вере.
Једна душа, два тела.
Сачекај смирај дана и доћи ћу!

НЕОДРЖИВО

Везујеш ми Гордијев чвор
око руку. Неодрживо стање
љубави или само сан?
Можда си опсена, оптичка
варка у недостатку времена?

Још не схватам зашто сам
читао Буковског? Ваљда да
бих те боље упознао у
неодређеном систему вредности?

Желим да ти заборавим име,
али везаних руку не одолевам
твојим пољупцима. Напољу
пролећне кише неуморно падају.

У ТЕЛУ

У вучјем телу
завијам твоје име.
Дрвеће чује плач звери.
Словенски мит живи.

Звуци шуме. Моји кораци
се стапају са твојим. Ветар
носи лишће једне давне јесени.
Знај да верујем у љубав.

Божије дете у телу вука те дозива.
Видиш ли црвене трагове?
Чујеш ли зов нежности, Лада?

ДАР

Даруј своје тело боговима,
стави на олтар песму и лепоту.
Нека ти света ватра покаже пут
у рајске висине, дивна поетесо.
Лепота је у телу и души.
Поезија у сјају твог ока.
Љубила си забрањене песнике,
зато ти суде голубице.
Природа ти је дала реч.
Твој дар је умилни глас
нежног славуја.
Ноћас ће те спалити,
а ниси вештица.
Најлепша везиљо стиха.

КРВ И ВАТРА НЕБОЈШЕ СТОЈОСКОГ

Постоје такви тренуци у поезији кад изговорено искрсне у неизговору, монофоно се препозна у полифоном, а смртник одражен у анђелској природи. Додуше изнимно су ретки на земљи, али су тим достојнији помена. Ми долазимо из полутаме, враћајући се светлу небеског богопознања. Има по мудром Божидару Кнежевићу и оних људи, што се најрађе повлаче у таму да би јасније видели шта други на виделу раде. За неке посвећенике попут Стојоског не постоје граничници ни упоредници. То су пре неграничници и неупоредници, на оскудној лирској трпези у нас. Њихови гласови као да су звуци колских точкова, који су поклисари оностраних перивоја, никада чутих на земљи и њихова тутњава када се једном чује, остаје да задуго звони у свести. Луцидна онеобичења, градације где се климакси и антиклимакси наизменично смењују, те духовите игре речи, красе његов песнички дискурс и чине га вредним замајцем савременог српског лиризма.

Песник је неко ко стално одлазећ непрестанце долази; и док други одлазе на сахране ближњих, периодично, истински песник иде сваки боговетни дан на крстоносни поход и на парастосе — Рилке је рекао: „Ко умире сада негде у свету, без разлога умире негде у свету: мене гледа". Тај исти Рилке је у *Записима Бридгеу* рекао да за разлику од осталих песник мора да се нађе уз људе који су на самрти, да им буде попут анђела утешитеља, пре одласка у вечност. А зашто је баш песник предодређен за ту мисију одговор даје знатни чилеански песник Уидобро, рекавши:

Песник
Антипесник
Културан
Антикултуран
Метафизичка животиња
С бременом зебње
Природна права животиња
Која крвари своје муке
Усамљен као парадокс
Кобни парадокс цвет
Противуречја што игра
Фокстрот изнад божје
Гробнице изнад добра и зла
Ја представљам груди
Што вапе и мозак који
Крвари ја сам дрхтај земље
Сеизмографи бележе мој
Пролазак светом...

итд. Дакле преведемо ли на наш оскудни језик ове стихове видимо да је песник префињено осјетилно глазбало чим су потребни сеизмографи да би све тананости његова бића могла да измере. Друго, тамо где други пролазе равнодушно, или тек са лаким знојењем, песник пушта крв.

И Уидобро и Небојша поистовећују писање песме с крволиптањем: Наш песник каже: /Сећаш ли се, Елеонора? / у реци боје крви сам / по твојим леђима писао / сонете / што ће најпосле кулминирати поистовећењем љубавника наших дана, с библијским: *Црвена река ти и ја / као Адам и Ева иза / нас је остала само Нојева / барка после потопа љубави/*. Дакле, остају крхотине негдање љубави и оне могу да буду само на псалимпсесту с лупом за гонетање. Бравурозна осмислица!

Винсенте Уидобро помиње да је песник „цвет противречја" а наш песник певањем то потврђује: */плакаћу са свећом у рукама / тражећи опрост / за сопствени леш/* — с једне стране парадокс, с друге врхунац молитвене катарзе.

Даље, Небојша пева: */у граду песника / самоћа је грех / демони обузимају / мисли у тамној соби/* — где наш песник очито има у виду Фаустово проклетство, а ништа мање ни проклетство уметника уопште — зар Паганинија нису звали „Ђавољи виолинист" и зар Тартини није у сну склопио савез са ђаволом те потом створио знамени *Ђавољи трилер*. Дакле, није далек од истине Буковски у тврдњи да је љубав „Цукела, која долази из пакла".

И наш песник у песмотвору *У речи* (антологијског назначења) узима прерогативе Демијурга */Ја не знам ко сам / Сликар, песник, вајар / створио сам те / по свом облику/*, позивајући се на библијски подтекст. Стога, песник је и рушитељ постојећег и саобновитељ на рушевинама подизањи палата, неслут лепота.

За Уидобра песник је „природна животиња која крвари своје муке", а Небојша пак, каже: */Дајем комаде срца псима / нека га између себе деле/* — и код једног и код другог песника ради се о раздавању најдрагоценијег, у бићу, с тим што у случају нашег стихотворца духовни аспект узима превагу. Један велики хришћански апологета из Русије је сматрао своје тело безвредним и наложио да му се по смрти не сахрањује већ да се остави у пустари, на милост и немилост псећим хордама. Овај духовни елеменат Небојшина певања важно је истаћи.

Уидобро спомиње „бреме зебње" а наш песник то на песнички узвишен начин, каже стихом за памћење: */У мени су хиљаде / мртвих девица/*.

Свој допринос контролисању ума на планетарном нивоу наш песник је дао у лепој песми *Контрола*, где каже:

> *Нико више не плаче*
> *Роботи владају земљом*
> *Под звезданим небом*
> *Човек је мртво слово*
> *На папиру судбине*
> *Строго контролисана свест!*

Нажалост, негдашњи утопијски сценарио постао је грозоморна стварност. Песник — поклисар небеса пустио је крик части — да ли ће га ико чути, ако је по нашем поети „част одавно мртва", како сам каже у песми *Жеђ*? У тој песми такође каже: /*Оружје на столу / перо и оловка / као Дамоклов мач / смрт поетике пред очима*/. Он предвиђа давно проречену „смрт поезије" мада су му надохват и перо и оружје и оловка — а опет потпуни песимизам, да до вазобнове анђела палог, у вихору судбе може да дође. Црњански је, присетимо се, будио какву-такву веру речима:

> *А кад ми сломе душу,*
> *Копље, руку и ногу — Тебе,*
> *Тебе знам*
> *Да не могу, не могу —*

Највећа утеха до које наш поета долази је она из песме *Плаветнило*, где на прву утешну сензацију следи у наставку сумрачење — климакс и антиклимакс у двоструком сударању мењају места!

> *Зове те плави анђео*
> *Херметика сопствене душе*

Ти си само обичан пион песме
Која оставља крваве трагове

У циклусу *Крв* ваљало би издвојити као антологијска остварења песме *Опречно, Демони, Бес* и *Знам*. У другом циклусу *Ватра*, пак, као такве, свакако су песме — *Будиш, Негде далеко, Роди се, Буди*, и *Дар*.

Песник је и бонфоовски жрец противречја, кад пева: /*Не могу те спалити / у ватри сенки које надиру*/; код Бонфое било би то „присуство поново ухваћено у бакљи студени". Интересантна су и општа места у Стојоског — Селиново „путовање накрај ноћи" у њега је „дуго путовање кроз ноћ" (песма *Београд-Загреб*); те „везујеш ми Гордијев чвор" (песма *Неодживо*); прокажени библијски гаврани у песми *Семјона* нашем песнику гонетају тајну да је вољена престала да га воли. (То је као стварност окренута наглавце: покушај да се древни рукопис чита на нов начин — не очима смртника већ небесника).

У песмотвору *Негде далеко* Стојоски каже: /*Видим те у облаку дима / а знам / да узалуд чекам Годоа*/. Делује као резигнација, а није. То је смрт Феникса двоструко осветљена изнутра — цврање по супрету испод кога је жар; зар се не крије жаруља оптимизма у речи „видим те", иако је немогуће видети неког у облаку димне завесе? Откровење песничко је у томе — наш песник не мисли на спољашњи вид, него на „очи срца", присутне у религијској хрестоматији.

Тамо где други потурају лакат, ту овај песник племенита кова потура залиске пулсирајућа срца, без бојазни да ће бити згажено — а и те како може да буде, у овом бесловесном времену, за које је пророчки неки песник, још пре три деценије рекао: „Тако мало људи. Тако много ветар дува". А нашем песнику истина је једини скиптар за који зна, перо умочено у мождину, једино оруђе којим се бори, премда у игри глухих телефона данашњице мале су шансе за успех; он, посве огољен, у уштирканом свету, где царују лицемерје, хипокризија, има само своје „вјерују" као одбрану. И божји крилати замах, што му даје снаге, да везе златовезе изретке лепоте небу на радост, смртнима за незаборав.

Слободан Блажов Ђуровић, књижевник

У РЕЦИ БОЈЕ КРВИ

„Загризи олово, прогутај сву жуч живота", овим речима започиње песник Небојша Стојоски своју нову збирку *Крв и ватра*. Гневно и тужно. Обрадовао сам се његовој збирци, избегао је стерилност стихова. Свет у коме песник Стојоски води своје борбе, није узвишен, ни блистав. Зато је потребна оваква збирка, рокерска, „улична", без „чистунства" речи, зашто не и груба на узвишени начин. Изаћи на улицу, сусретати људе, догађаје, описати свет који би да избришу, а он постоји.

Стојоски је исписао разноврсну збирку, различитих књижевних израза, тема, дотакао се свега што је спазио. Слободу ћу дати себи и речи, песник мора бити филозоф. Тако и ова збирка опажање је света и песме одговори су на сва могућа питања. То је света дужност песника који свет не може мењати, али ће му храбро изаћи на црту и пружити отпор. На крају песник неће бити поражен, јер стихови живеће.

„Сећаш ли се Елеонора? У реци боје крви сам по твојим леђима писао сонете..." (*У реци*) „Капи воде стварају песму" (*Измаглице*).

И успавани читамо лирске низове, песник Стојоски разбуди нас и одведе нас на гробље *Мртвих стихова* („Тражим гроб својих сећања, речи ми прилазе као лаке жене..."). Врелина гневне песничке пустиње изазове *Жеђ* — „Песма је гнев срца".

Досада — („Пролећни дан, дивно време за умирање. Досада призива смрт безбожника")

Лепо је ово путовање, а не назире му се крај. Песник нас успава, скрива путоказе, замке? Сеје речи, које чекају пролеће да бујају. Чека пролећни дан који ће избрисати таму. „Зрно наде посађено у тами... Чекам пролеће раширених руку"!!!

Тада, у пролеће — „Све туге света стале су у један катрен".

Тужан и гневан је песник, а сме ли бити другачије? У замагљеном огледалу које брише тражи степенице, иза огледала, а оно не отвара се. Сања о њој и *Негде далеко* — „Просим љубав жена које личе на тебе..."

Оплакује песник јутра и пише љубавне песме. Нада се, умире и живи. И сећа се нежних грубости и трагова „среће". „Груби додир твојих ноктију по мом телу буди прошлост. Одувек сам волео вучице у постељи од свиле..."

Свиђа ми се ова храбра, тужна и депресивна збирка. Слика је нашег времена. Исијава врелина асфалта. Сенке су скривене по хаусторима, песници су прогнани, а љубави...? Не знам шта та реч значи, можда је избрисана из свих језика и само песници чувају је од заборава.

Узвишено је ово путовање лишено кићастог света. Храбро је зато што је другачије. Песник Стојоски рођен у времену кога памтим, сачувао је дух изгубљених градова, света који умире. Небојша се храбро ухватио у коштац са изломљеним огледалом званим живот који пролази. Скупио је крхотине, и мада није сјајно и блиставо, огледало је. Живот је!

Владимир Радовановић, Хроничар бесмисла

„ПЛАЧ" НЕБОЈШИН

(о поетској књизи Небојше Стојоског, *Ватра и крв*)

Медијски свеприсутног и списатељски плодног, Небојшу Стојоског знамо по непосредности; Ако смо му најпре упознали писање, срешћемо га, „трезвеног боема": доследног, несклоног да околиши. Мисли дубоко. Осећа интензивно. Пише директно. О човеку, друштву, свету. Па, иако је књижевна критика само лични доживљај, ова поезија тражи да се о њој напише која реч.

Језик Небојшине поезије не разликује се од говора своје генерације. Можда за нијансу сведенији, на моменте до елипсе: добро изабрана синтагма све говори. Римеређе нема него што је има, мисли су исписане у намерно лабаве катрене или квинте, слободне или везане асонанцом, ретке риме обгрљене или музичке, покоји неримован сонет. Нема украса, израз је комуникативан, лаконски, спонтано разбарушен. Небојшина строфа је најближа силогизму: дедуктивни аргумент од две премисе и закључка. Тежиште је на упечатљивим крокијима; друштвено акутној теми, приказаној у пар јаких црта и — закључку.

Песма *Метал* је сложена игра речи: музички правац, или слутња из стиха „Загризи олово"? Светски истраживачи указују на пораст броја самаца као на бомбу која откуцава. Ово због цене по здрављe, животe, па и трагичне инциденте. Тема фрустрираног мушкарца одбаченог од друштва је „тиха криза" (према познатој Пју (Pew) студији, на коју стручњаци упозоравају, или „епидемија усамљености и изолације", како је назива др Вивек Мурти (Vivek Murthy). Људима без блиских пријатеља нико се не бави. Живе с мишљу „Мене нико истински не познаје". Аутор проблем истражује изнутра, поистовећивањем:

> *... Метал као отров у твојим*
> *недрима. Ни сам не знаш*
> *зашто си то учинио.*
> *Неко је направио пакт с ђаволом,*
> *ти си само колатерална штета.*
>
> *Не можеш да платиш цену бола.*
> *Ти си само си још једна жртва лова*
> *на крупну дивљач.*
> *(Метал)*

Напросто чуди да неки „метал" бенд већ није откупио ове дирљиве социјалне стихове, о насиљу у друштву. И не само да га снажно сликају, већ указују и на срж проблема.

Песма *У реци* нуди читаво интертекстуално ткање препознатљивих сцена. Река као да је црвенилом обележена, девојка је са себе обрисала знак — младићеве сонете. Тврдњом „Европа је као жена, ништа другачија од тебе", аутор покреће асоцијативни низ: посрнула Европа, коју је отео Зевс преко воде; потцртава ситуацију библијског Пада. */Ја не знам ко сам/ сликар, песник, вајар?/ Створио сам те по свом облику/*, у претпоследњој строфи је пигмалионска слика, код Шекспира „Лепота је у оку поматрача", а код Дучића „све што љубимо / створили смо сами". И, као што се Галатеа —

Елајза Дулитл — Лолита... отела опчињеном уметнику, поетски субјекат призива вољену да му се врати на реку.

Аутор своју поезију назива песимистичном. Не можемо се потпуно сложити: Мада, као Бодлер, слика ругобу друштва, све исте Сукубусе, женска демонска бића, бездушне Лилит, што га у магновењу користе и нестају... поетски субјекат је намерно рањив, трага за Некористољубивом. Низом имена песник се обраћа жуђеној, која би волела као да није 21. век. Ова жудња за генеричком, првом Женом, еденском Евом неокрзнутом злом, чини његов опус поезијом Љубави и Наде. Новом Романтику, свесном какви смо, али жедном бољег. Тај бољи свет, песник зна, неће створити сам. Неопходна је блага, интуитивна женска енегија. Потребно је њихово јединство.

У песми *Мртви стихови*, песник се дотиче Аристотелове визије кад Бог надахњује песника, шаљући стихове. Но, песник то понекад не може да разабере. Знамо да су писци у агонији у периодима креативне кризе, што је и предмет песме, али истина је и то да само итински стваралац пролази кроз ова тегобна стања. Њој блиска, *Мислећи човек*, биваће јаснија развејавањем предрасуда према неуродивергентним људима (што уметници и научници често јесу). Због недовољно знања у јавности, људи специјализованог, ређег неуро-типа трпе насиље и дискриминацију. Касно откривамо да је то био и Тесла, и редом генији и великани.

> *Он не размишља шта ће бити*
> *када пси луталице крену на њега.*
> *Камо побећи, од немани се скрити?*
> *...*
> *Једном, кад оде, нек га се сете.*
> *(Мислећи човек)*

„ПЛАЧ" НЕБОЈШИН

Најновија збирка Стојоског директнија је и снажнијег тона него досадашње. Дуж целе књиге, песник преплиће наизглед опсесивне теме (Љубав, бездушност, одбацивање, насиље). Али, какве везе има корпоративни терор, „строго контролисани свет", раслојавање и сиромаштво, растућа усамљеност, обесправљеност мисаоних, цинизам младих према љубави, потрага за Евом, враћање у додир са сопственим емоцијама. Па, свакакве.

Вековима су дечаци учени да потискују осећања. Да ушмркну у себе јецаје и буду јаки. Потискиване емоције стварају котао под притиском. Тако се ствара читава цивилизација потиснуте потребе за блискошћу и смислом. А, како изгледа та цивилизација? Дезинтегрисана породица, неприсутни родитељи, девојчице условљене да стреме лаком луксузу. Момци, фрустрирани и сами, јер не могу тај луксуз да им обезбеде на поштен начин... На пажљиво читање, све је то у овој поезији.

Песник Стојоски опева стање западног друштва уопште. Оплакује га, иако недужан за његову палост. Као плач библијског Јеремије који раскринкава ондашњи свет, „Плач" Небојшин преточен је у један од најаутентичнијих песничких опуса у савременој поетској сцени.

То је уметност, која упозорава. Која позива на преумљење.

Ана Правиловић, филолог

БЕЛЕШКА О ПИСЦУ

Небојша Стојоски рођен је у Београду 12. 8. 1981. Члан је Удружења књижевника Србије и још доста књижевних удружења: Удружења писаца Дунавски венац, Свесловенског књижевног друштва, Клуба љубитеља књиге Мајдан, Удружења креативаца Популиарти, Удружења писаца Србије, Удружења србских књижевника у отаџбини и расејању, Песничког друштва Раде и пријатељи и Београдског књижевног друштва.

Објавио је књиге: *Завера ума* (2018), поезија, *Моја Стихозборја* (2019), поезија, *Кроз таму велеграда* (2020), кратке приче, *Чекајући сунце* (2021), поезија, *Плач Лавова* (2021), поезија, *Киша и сузе* (2022), кратке приче, *Изговор* (2022), поезија, *Вилајет* (2023), поезија, *Нико као она* (2024), роман.

Живи и ствара у Београду.

Небојша Стојоски
КРВ И ВАТРА

Лондон, 2025

Издавач
Globland Books
27 Old Gloucester Street
London, WC1N 3AX
United Kingdom
www.globlandbooks.com
info@globlandbooks.com

Насловна фотографија
Ishassan
(https://unsplash.com/photos/silhouette-of-man-at-golden-hour-NydZjXg6S2I)

www.ingramcontent.com/pod-product-compliance
Lightning Source LLC
Chambersburg PA
CBHW070334120526
44590CB00017B/2885